JN418182

바다는
소리 죽여 우는 법이 없다

이 도서의 국립중앙도서관 출판시도서목록(CIP)은 e-CIP 홈페이지
(http://www.nl.go.kr/ecip)에서 이용하실 수 있습니다.
(CIP 제어번호 : CIP2015028445)

바다는 소리 죽여 우는 법이 없다

글쓴이 / 장현우
펴낸이 / 孫貞順
펴낸곳 / 모아드림

1판 1쇄 / 2015년 10월 27일

(120-866)서울 서대문구 북아현로 22나길 13-8
전화 / 365-8111~2
팩시밀리 / 365-8110
E-mail / morebook@morebook.co.kr
http://www.morebook.co.kr
등록번호 / 제2-2264호(1996.10.24)

ISBN 978-89-5664-171-3 03810

값 8,000원

모아드림 기획시선 149

바다는 소리 죽여 우는 법이 없다

장현우 시집

모아드림

■ 시인의 말

살아가는 일이 드넓은 바다 위를 떠다니는 것과 같다. 언제는 고요하게 언제는 드높게 요동치는 것이 바다다. 삶은 언제나 바다처럼 출렁이기 마련이다. 나는 섬에서 태어나 바다를 보고 자랐다. 바다 같은 산 같은 변함없는 고만고만한 삶들이 아무런 울음소리 없이 고요할 것 같지만 고요하지만은 않은 세월이었다.

산골 마을로 들어와 만만하지 않은 농사를 배우면서 고된 몸보다 고만고만한 것들로 마음이 풍성해진다. 그래서 내 눈에 보이는 모든 사물과 자연, 농사짓는 일들이 하찮고 보잘것없고 눈에 잘 띄지 않고 고만고만한 일상을 시의 소재로 삼고 그것들의 눈으로 세상을 보고자 했다.

1부는 산골 마을로 들어와 만만하지 않은 농사를 배우면서 쓴 시들이며, 2부는 부대끼며 살아가는 이웃들의 모습을, 3부는 고향에서 보고 듣고 한 것들로 엮었다. 작품의 완성도가 높지 못한 부분들은 갈고 닦으며 헤쳐나가야 할 내 평생의 과제라 생각한다.

2015년 가을

장현우

차례

2부

3부

1부

거미집

이른 아침 매실나무들은
군데군데 커다란 고치처럼
하얀 실타래를 두르고 있습니다
이슬방울도 방울방울 매달렸습니다
햇살에 방울방울 눈부신 거미집,
그 집에 세 들고 싶어
바람도 서성이다
그 집 대문을 두드립니다
산골짝이 일제히 반짝입니다

신전리 골짝

모내기철이 되면서
골짝 산들 바빠졌다
눈곱 덜 떨어진 눈 비비고
논물에 얼굴 들이미는 앞산도
일렬종대로 모를 심다가
재채기 한 번에 비틀거리다
제자리 찾아 모 심는 뒷산도
더러 구멍 난 빈자리에
모를 때우는 이 산 저 산도
바지춤 돌돌 말고 논에 뛰어들어
해 떨어진 뒤에야 돌아가는
신전리 골짝

청명淸明

바람의 얼굴빛이 달라졌다

겨우내 얼음 속으로 몸을 감추던

계곡 물소리 다시 또랑또랑 맑고

나무며 풀들 제 색깔 찾아

짧은 다리 재게 놀린다

버무린 봄

구름 한 점 없는
맑은 하늘과
고개 절로 수긋해지는
나긋나긋한 바람과
매화 만발한 헤벌어진 마음과
쑥갓 상추 달래와
고추장 한 숟가락 참기름 한 방울과
밥 으깨지지 않게 공들여
버무린 봄이
한 양푼 그득하다

안개

짙은 안개로 골목 밖이
낭떠러지 같다
산 능선 매실 밭에 올라
내려다본 마을은
아직도 안개에 싸여 있다
안개 속에서는
한 치 앞을 볼 수 없더니
매실 밭에는
이슬 터는 새소리
맑고 고운 하늘이 높다
산골짝 마을이 보이지 않아
발밑이 딴 세상이다

냉이

설설 끓는 집도

매 끼니 걱정

잠바 양말 없어도

지천으로 널려 있는 냉이들이

겨우내 가문 입맛 돋우려

아직 마르지 않은 땅에서

손들 여기저기 내밀고 있다

대추벌

마당에 쪼그려 앉아 풀을 뽑는데
엄지손가락만 한 대추벌이 날아와
무릎을 쏘고 달아난다
뼈마디가 골고루 출렁이나 싶더니
뒷골에서 둔중한 종소리까지 들렸다
제초제로 사그리 없애버리지
마당을 풀밭으로 만드냐고 다녀가는 사람들
한마디씩 하건 말건 입맛 돋구고 남은 것들
쓰임도 이름도 모르는 것들 골라 뽑았는데
쓸모없이 태어난 것은 이 세상 어디에도 없다고
대추벌이 와서 일침을 놓고 가는가보다

고사리잡이

매실 밭 한쪽 귀퉁이는 고사리밭이다
앉아서 구부려서 서서 볼 때마다
나타났다 사라졌다 눈을 희롱하는 고사리들
그래서 꺾는 것이 아니라
잡는다고 하나 보다
막 고개 내밀고 눈에 들어오는 것들
닥치는 대로 잡다가
세상 보기 위해 땅을 박차고
온 힘으로 고개 내미는 어린 것들
숨 한 번 돌리라고
딴 데로 눈 돌려가며 고사리를 잡는다

흉터

태풍 휩쓸고 간 뒤

날망에 심어진 사과나무

한쪽 어깨가 꺾였습니다

부러진 가지 덧나지 않게

전지가위로 곱게 잘랐습니다

잘라낸 자리 오며가며 더 눈이 갑니다

상처 잊지 말자고

아문 자리에 흉터가 또렷합니다

까마귀떼

농업의 '농' 자도 모르는
먹물을 뒤집어쓴 채
산밭에 날아든 까마귀떼
산마을에 까맣게 내려앉아
그나마 더 망가지면 어쩌나
담배 새로 꺼내어 꼬나물고
깍깍거리는 먹물들을
하릴없이 째려보았다

보름달

형제들 배웅하고
또랑가에 쪼그려 앉아 담배를 피운다
추석 지내고 차 막히기 전에
서둘러 떠나가는 자식들처럼
떠날 사람은 어차피 떠나듯이
흘러가야 할 것은 어차피
흘러가야 한다고
쉬지 않고 또랑물이 흐른다
흘러가는 물살 속에서
구름 사이로 내민 보름달이
못 떠나고 남아있는 이들처럼
흘러가지 못하고 언뜻언뜻
얼굴 붉히며 찰랑거린다

늦가을

하지 지나 심은 감자알이 잘다

멧돼지가 매번 매실 밭을 후벼놓는다

누렇게 익은 들깨를 베어 한쪽에 쌓아둔다

깊게 심은 대파를 한 움큼씩 뽑는다

밭 가상 우슬도 뿌리 다치지 않게 캔다

밤나무숲에서 떨어지는 알밤 소리에

매실 밭 고르는 괭이질이 헛논다

먼 산 남하하던 단풍이

벌써 앞산에 물들고 있다

떡갈나무숲

떡갈나무숲이
바람 지나갈 때마다
온몸 흔들어대며
바람소리를 바닥에 깐다
나뭇잎 떨어져 눈에 잘 들어오는
주인 없는 감들을 따다가
등 후려치는 떡갈나무 소리에
남몰래 두근거린다
앙상한 뼈만 남은 떡갈나무숲이
두근거리는 내 속을
숲 건너까지 훤히 보여준다

쥐눈이콩

쥐눈이콩을 깐다 콩알이 잘아서
좀처럼 바구니가 불어나지 않는다
쥐눈이 쥐눈이 하면서
맑고 까맣게 빛나는 쥐방울같이
이름도 어여쁘다 여기는데
손에서 벗어난 까만 콩알들
엄지와 검지로도 집기 어렵게
참 잘기도 한 쥐눈이콩
시루에 안쳐 콩나물을 기르면
그 맛이 일품이라는 안나 할머니 말씀만
사방으로 콩콩콩 뛰어다닌다

입동立冬

질경이 씨앗 한 마대 거두어
서리 밟으며 매실 밭 길목에 뿌린다
찜솥에 돼지감자 넣고 졸여서
내년에 쓸 독초액 만든다
코빼기도 안 비치던 상월리 상수가
고구마 두 상자 놓고 간다
후리지아 씨앗 화분에 심어 들여놓는다
산새들 해 짧다고 바쁘게 날아다녀도
가지마다 꽃눈 매단 목련은
발밑으로 낙엽을 수북이 쌓고 있다

겨울 꽃눈

대설이 낼모렌데
매실나무는 꽃눈을 달았다
봄도 겨울도 모르고
오락가락하는 날씨 탓이다
얼어 죽을 작정도 없는
겨울 꽃눈들이
가지마다 겁도 없이
토실토실 매달려 있다

끝물 국화

앞뒤 분간 못 하게 눈은 내려 쌓이는데
휴대전화가 울린다
일주일에 서너 번 양재동 꽃시장에서
국화 가지러 오는데
더 추워지기 전에 보일러값 아낀다며
비닐하우스 국화농사 정리할 거라고
끝물 국화 몇 송이 가져가란다
외우기도 힘든 국화들
이름도 모양도 가지가지다
꽃망울 맺히기까지
온도와 습도 따라 비닐하우스 문 여닫고
손 놀리지 않고 쉴 틈 없었다는 것을
소주잔 기울일 틈도 없었다는 것을 안다
끝물이면 어떻고 잔챙이면 어쩌랴
앞뒤 재보지 않고 눈보라 속
끝물 국화 한 아름 안고
집으로 간다 첫물 같은 아내의
환한 얼굴이 미리 보인다

장미

겨울이 코앞인데
장미나무 울타리에 딱 한 송이
꽃망울이 맺혔습니다
눈치코치 없이
정처없이 헤매던 아픔 하나가
한사코 매달려 있습니다

앞산

먼 산부터 어두워 오더니
앞산이 보이질 않더니
창과 창이 부딪히는 소리
갈기 날리며 발굽 구르는 말 울음소리
머리끄덩이 휘어잡고 악쓰는 소리
이승을 못 떠난 귀신들 통곡 소리
소리란 소리가 죄다
휘몰아치는 눈보라에 갇혀
캄캄한 어둠에 짓밟히더니
떠오르는 아침 햇살에
괜찮다 괜찮다 정말 괜찮다고
앞산은 반짝이는 눈부심으로
한 발짝 더 가까이 다가온다

이팝나무

부러진 가로수 이팝나무 밑동 위에
자동차가 올라탔다
급하게 브레이크를 밟았는지
빙판길 반대차선을 가로질러온 자동차 흔적이
또렷하게 남아 있다
우지끈 넘어지면서
외마디 비명 한 번 못 질러보고
단칼에 베인 것 같다
낼모레가 입춘이라는 걸
알고나 당한 건지 모르겠다

동짓날

동짓날 긴긴 겨울밤
설설 끓는 아랫목에 둘러앉아
가으내 거둔 팥으로 새알심 들어간 동짓죽도
팥가루 얹은 시루떡도 해먹는다
김이 모락모락 나는 시루떡 앞에 두고
떡가루는 방앗간으로 달려가 쌀이 되고
쌀은 겨를 뒤집어쓰고 나락이 되고
나락은 비바람에도 휘청이다가 어린 모가 되고
움이 트기를 기다리며 삼짇날부터 벼들은
아랫목에서 익어갔다
팥은 밥상 앞에 쪼그려 앉아서 가려지고
도리깨질하는 콩 꼬투리 속으로 다시 들어가
밭으로 달려가서 우렁우렁 잎들을 피워내고
한 알은 꿩 먹이로 한 알은 벌레 먹이로
그리고 한 알은 사람 먹이로
한 구덩이에 세 알씩 팥을 심는 호미질에
돌고 돌아서 따뜻한 밥상이 된다
걸어온 농사길 다시 되짚어 보라고
동짓날은 아침이 오지 않을 것처럼 밤이 길다

함박눈

명절날 조무래기들

왁자하게 뛰어다니던 골목에도

연기 잃어버린 지 오래 된 굴뚝 위에도

웃음소리로 들었다 놓았다 하던 지붕 위에도

바람 불면 부는 대로

이리저리 휘날리며

이곳저곳 아무 데나

함박눈 내려앉는다

2부

손님들

은행나무 밑둥치를 발가락으로 헤집다
화살나무 가지에 걸쳐 앉은
이름 모를 새들 빨간 열매로 식사 중이다
바람은 목련나무 가지를 흔들다
감나무까지 흔든다
덩달아 오죽들이 분주하게 일어선다
낮은 지붕마다 산을 넘어온 햇살도
골고루 손을 뻗고 있다
장독 위에 하얀 서리가 햇살에 반짝인다
손님들 참 많이도 다녀가신다

전등

골짜기 목장 형님네 축사
대낮인데 전등이 켜 있다
해 뜨기 전에 사료 주고 나가면서
밤 늦게 오더라도 소들 겁먹지 말라고
미리 밝혀 놓고 간 거다
맞벌이 시절 귀가하면
화장실이며 거실 주방까지
방마다 불 켜놓고
아무 데나 쓰러져 잠들어 있던
어린 자식들 생각이 난다
덩치 큰 소들도 캄캄해지면
세상이 무서운가 보다

헛간

뒷집 헛간이 기우뚱하다
하도 하늘 맑고 봄볕 따뜻해
두 팔 쭉 펴고 기지개 켜다
허리 잡은 건너뜸 봉수어른처럼
허리 잡고 한쪽으로 쏠렸다
날 풀려 헛간도 기지개를 켰는가
쓰임도 잃은 허리를 잡고
헛간이 아슬아슬하다

김장 담그기

햇살 든 양지바른 곳에서
찬바람 훌훌 털어내며
과부댁들 퍼질러 앉아 김장 담근다
얼굴 다시는 안 쳐다볼 것처럼
머리채 잡고 싸운 게 엊그제 같은데
배춧속 쭉쭉 찢어 버무린 양념 묻혀
서로서로 입에 넣어주며
맛난 재미로 간을 보는지
깔깔거리는 웃음소리가 담을 넘는다

이슬방울

기지개 켜고 있는 나무들이
이슬방울을 일제히 매달고 있다
때 아니게 어제는 눈이 내리고
간밤에는 자욱한 안개비 내리더니
언제 그랬냐 싶은 아침이다
지나가는 바람이 나무를 흔들면
이슬방울은 맑은 종소리를 낼 것 같다
가끔 북적거리는 삶들이
떠오르는 햇살에 이슬방울처럼
일제히 반짝일 수 있다면
매달려 흔들리며 종소리를 낸다면
이른 아침 열린 내 귀도
또랑또랑 맑아질 것 같다

가죽나무

솔가지 넣어 아궁이 불 살리고
솥뚜껑 뒤집고 들기름 부어 부쳐 준
달콤씁쓸하고 구수한
진안 안천면 백화리
마디 굵은 가죽나무 장떡을
부뚜막에 앉아서 뒤집으며
한입 먹어봐 한입 먹어봐
마디 굵은 손 내미시던 어머니
어머니 표 그 장떡 먹고 싶어서
가죽나무가 물이 올랐다

무논

다랑이 무논에
써레가 지나가고 흙탕물이 가라앉자
앞뒤 산들을 불러오고
흘러가는 구름과
양팔로 잴 수 없는 하늘을 불러온다
논길 따라 해찰하며 깨금박질치는 나도
함지박이고 가는 어머니 뒤로
쟁기 짊어지고 소 몰고 가는 아버지도
붉게 물든 얼굴을 하고
고물고물 연기 피어오르는 집으로
어둑어둑 돌아가는 그림자도 불러온다
한 뼘 다랑이 무논이
참 많은 걸 거둬들인다

삼백초

화단 가에 심은 삼백초가
마당을 해마다 한 뼘씩 줄인다
고만고만한 어린싹들
땅을 박치기하며 솟아오른다
딸린 식솔이 많아
월세라도 내야 하지 않느냐고
집주인이 어깃장을 놓아도
문간방에 주저앉아 그냥 사는
진태 형님네 같다
자디잔 어린 싹들이 귀여워
들고 있던 호미를
슬며시 등 뒤로 감춘다

단감나무 자리

단감나무 자리에
눈이 자주 간다
마당 모퉁이 우물 옆에서
어떤 사람이 살았는지
언제 보따리를 싸들고 이사 갔는지
도통 말없이 서 있던 나무
때 되면 너울너울 잎들을 키우고
어른 주먹만 한 감들을 매달아
오가는 사람들 눈길을 주던 나무
달 밝은 밤이면
창문을 두드리며 방안까지 따라와
옆에 나란히 눕던 나무
늦서리에 어느 날 맥도 못 쓰고
간다는 말도 없이 가버린 단감나무를
휑한 바람 마당에 들어 와
이 빠진 곳 혀로 더듬듯
그 자리를 어루만진다

연임이 아버지

그의 눈에는 골목이 다 미로인 모양이다
다리 절며 지팡이 대신 유모차 밀고
골목을 돌고 도는 연임이 아버지
그의 기억을 골목에서 잃었나보다
몇 걸음 가다가 뒤돌아보는
초점 없는 눈동자
밤톨 같은 흰머리 위로
서산을 넘는 걸 깜빡 잃어버린 가을 햇살이
갸우뚱거리다 다시 걸음을 놓는다

달팽이

상추를 뜯는데 상춧잎에
달팽이 한 마리 달라붙어 기어간다
순천만 포구에서 조개 잡는 아낙들 같다
썰물로 뻘밭이 드러나면
나뭇잎 같은 뻘배에 나뭇잎 같은 몸을 싣고
살아온 내력을 온몸으로
뻘밭에 적고 있던 아낙들
제 무게를 짊어지고 살아가는 달팽이도
다 받아 적을 수 없는 상춧잎에
긴 문장을 남기고 있다

홍시

틀니하려면 잇몸이 튼실해질 때까지
보름 넘게 걸린단다
홀짝홀짝 죽이나 마시는 합죽어매는
배에서 또랑물 소리가 들려도
얼린 홍시나 녹여 한 수저씩 뜬다
합죽어매는 저 홍시쯤인가 아직
익지도 않은 땡감쯤인가
감나무 아래 홍시만 떨어지라는 법은 없다고
멀쩡한 땡감도 지붕 위로
또르륵 굴러 떨어진다

붉은 달

황사가 심한 날은
유난히 달이 붉다
태풍으로 배 잃고
벌겋게 충혈된
아버지의 눈
충혈된 달빛이 흐리다

사선대에서

사선대를 감아 흐르는
오원천 깎아지른 벼랑에
꽃들이 피어 있다
화려하진 않지만
여러 가지 색깔로 피어
때 되면 다투어
흐르는 강물에 뛰어들 꽃잎들
한사코 벼랑에 매달려 있다
무심하게 감아 흐르는 오원천
벼랑에 매달린 채
뛰어내릴 그 깊이를 굽어본다

입동立冬

고양이 발걸음으로 찾아와

깜깜한 한철 한 이불 덮고 살자 하는가

부르튼 발도 녹이고 등 기대며

곰처럼 기나긴 겨울잠을 자보자는 것인가

나무들 일제히 바닥에 낙엽을 깐다

산마을

늦은 아침에 떠오른 해
일찍 서산을 넘었다
골목마다 언 발자국 남긴 채
김장 끝나고 콩 삶던 집들도
낮게 몸을 말고 움츠린다
옆집 오가던 큰소리도
팔려간 송아지 울음도 없는 저녁을
어두워지기 전에 먹고
전기세 아낀 일 말고는
아무 일도 일어나지 않은
문고리 대충 잠그고
아랫목에 발 밀어 넣고
잠들 일만 남았다

사진

어머니가 거실 티브이 옆에서 웃고 있다
안부 전화도 자주 찾아뵙지도 못해
자식 도리가 말이 아닌데도 환하게 웃고 있다
서랍을 뒤져 찾아낸 어머니 사진은
조금은 젊고 환하게 웃고 있는
어느 나들이 한때의 모습
팔뚝만 한 비단잉어가 연못에서 헤엄치고
저걸 삶아 먹으면 좋겠다고 웃음 짓던
그날의 배경이 담긴 사진
웃는 모습만 확대해 모셨더니
집안이 다시 살아난다
곁에서 지켜보며 환하게 웃고 있는
어머니 사진으로
내 배경은 유년처럼 든든하다

겨울비

겨울비 내린다
담배 피우고 싶다
담뱃값 오른다는 말에
담배를 끊어보려 했다
실은 한 시간 전에 한 대 피웠는데
또 피우고 싶다
제철도 모르는 겨울비도
담배라도 끊고 싶었는지
내리다 말다 다시 내린다

귀가歸家

지하철에서 졸다가
내려야 할 역을 지나쳤다
자리에서 벌떡 일어났지만
아무도 쳐다보지 않는다
모두들 졸거나 스마트폰에 매달려 있다
몇 정거장 더 지나서
나를 놓아준 지하철은
뒤도 돌아보지 않고 터널을 빠져나갔다
꼬리를 감춘 도마뱀 같다
잘못 와버린 곳에서 나를
기다리는 집으로
돌아 갈 수 있다는 것이
되돌릴 수 있는 일이 있다는 것이
얼마나 큰 다행인가 여기면서
발걸음 소리가
가만가만 나를 따라 온다

그림자

아무 때나 제 얼굴
보여주지 않던 것이
잠시 고개 들고 땀 닦을 때
먼 산 바라보며 목 축일 때
오던 길 뒤돌아보며
해 등지고 앉아 있을 때
묵묵히 내 얼굴 바라보며
부르튼 제 발도 보여 준다

3부

거금도

바다는
소리 죽여 우는 법이 없다
슬플 때는 슬픔으로
기쁠 때는 기쁨으로
자나 깨나 철썩이며 운다
가진 것 없는 낮은 지붕 아래서
쉽게 버리지 못하는 바다에
닻을 내리며 사는 사람들

한 번 밀어내고
두 번 끌어안기 위하여
자나 깨나 바다가 철썩인다는 것을
그들은 알고 있다

백사장

주름 자글자글한 어머니 손잡고
바닷가 백사장을 걷는다
함께 바닷가 걸은 적 없어
시시한 세상일로 좋은 시절 다 보내고
더듬더듬 바닷가를 이제야 걷는다
살아생전 아부지하고도 팔짱 끼고
이 백사장 거닐었냐고 물었더니
눈 뜨면 바단디
바닷소리만 들어도 징글징글 허다신다
그러면서 잡은 손에 꼬옥 힘을 준다
햇살이 자글자글한 바다도
은멸치 떼처럼 반짝인다

태풍

한 번은 휘몰아 칠 것을 알았던 것처럼
한 번은 세상 뒤집힐 것을 알았던 것처럼
수평선이 자꾸만 사라졌다
선창 안에 모인 배들은
팽팽하게 힘주며 이를 앙다물고 버티고 있다
오갈 데 없는 배들은 뭍으로 끌어올려지고
작살마다 허연 등을 보이며 드러누웠다
머리칼 풀어헤친 비바람은
수평선을 쓰러뜨리고
돌담을 쓰러뜨리고 잠긴 대문을 쓰러뜨리고
집 뒤란 감나무를 우지직 쓰러뜨렸다
수평선이 보이지 않아서
물 보러 가 돌아오지 않는 이들은
쓰러지는 것도 보이지 않았다

시집을 읽다

무릎에 어머니 뉘시고
내 시집 읽어드렸다
목이 잠기는 대목마다
마디를 꺾고
어머니 사설이 시보다 길다
시집온 새색시같이
얼굴 붉히시는 어머니의
긴 사설이 시보다 곱다

일성호

선창가 밧줄에 일성호 묶여 있다
칠 벗겨지고 빛바랜 뱃머리도
뭉툭하게 닳은 노도 성한 데가 없다
형제들 잃고 형수마저 잃은 사촌형님같이
눈물도 바싹 말라버렸다
몽돌밭 끊임없이 밀려오는 파도에
산산이 부서져 뒤집힐지라도
다시는 묶이지 않으리라
날이 밝으면 바다로 가리라
가서 돌아오지 않으리라
일성호 이 앙다물고
팽팽하게 밧줄 잡아당긴다
붉게 물든 수평선 끝을 잡고
선창에 묶여 눈물 바싹 말라버린
갈기를 세운다

시산도

돌담 너머로 보면 지척인데
다시 보면 저 멀리 가물거리는 섬
배타고 노 저어 어머니 시집 왔던 섬
꼭지 팽 돌던 빨간 수수알이
또록또록 아랫목에서 익어가고
바닷가 운동장에서 공을 차면
뒹굴어가던 공이 수시로 바다에 빠지던 섬
잔칫날 곱게 차려입은 외할아버지 외할머니가
아직도 가물가물 젊은 모습으로 떠 있다

김장하는 날

동짓달 바닷물이 가득찬 날은
바닷일이 없는 날이다
다라마다 햇살 담은 갯가에는
속이 꽉 찬 배추같이 속이 꽉 찬 엉덩이들이
방아를 찧듯 엉덩이를 씰룩이며
바닷물에 배추를 씻는다
장딴지 같은 무를 껴안고 낄낄거리며
아짐씨 웃음소리가 물수제비를 뜬다
멸치젓국 끓이는 냄새가
김칫거리 져나르는 아부지를
여나르는 누나들을
허천나게 따라다닌다

저 소리는

바다에서 막 건져 올려
물기 마르지 않은 미역같이
착 달라붙어 끈적거리는
저 소리는
해 기울고 집집이
밥 짓는 연기 피어오르면
골목에서 뛰놀던 소리 몽땅 제압하는
저 배에서 들린 꼬르륵 소리는
물 보러 간 아부지
기다려도 돌아오지 않아
다리 힘 먼저 풀리는 저 소리는
천천히 떠먹으라며
무장해제 시키는 아부지가
등 두드려주기를 아직도 기다린다

엄마의 얼굴

깊은 잠에 드신 어머니
눈 가에 입 가에 이마 위에
주름살들이 조각한 듯 새겨져 있다
가다 서다 다시 돌아서다
얼마나 많은 헛방의 발걸음 쌓여
얽히고설킨 길들이 되었을까
사냥하던 원시인이 동굴로 돌아와서
새 길 새겨 넣고
그렇게 생긴 금들이 지도가 되듯
어머니 주름살도 그 지도 같다
객지로 바다로 떠도는 자식과 남편
보이지 않을 때까지 손 흔들며
손 흔들 때마다 새겨진 금들
한 폭의 지도가 뒤척이며 돌아눕는다

집

볼 것 다 보았다는 듯이
들을 것 다 들었다는 듯이
안으로 문 잠가버린 집
보청기를 해도 쇳소리만 들려
안으로 문 닫아버린 어머니는
어느 봄밤을 누구랑 헤메시는지
보청기 없이도 쇳소리만 들리는
어머니 혼자 사는 집

새해

퐁당퐁당 바다에 뛰어들 때
캄캄한 바다가 어슴푸레
속을 보여주고 바다 위로 띄워 주며
헤엄칠 수 있게 될 때처럼
한 점이었다가 차츰 운동장만 한
돛을 펄럭이며 선착장에 정박한
옹기돛단배를 처음 보았을 때처럼
어른 키보다 크고 몇 배 무거운
노를 깃털 만지듯 밀고 당기며
노 저어 물결 가르고
바다로 나갈 수 있을 때처럼
새해는 늘 그렇게 온다

■ 해설

오래도록 돌아오는 기억들

― 장현우의 시세계

유성호
(문학평론가, 한양대 국문과 교수)

1.

서정시 한 편 한 편에는 시인 자신의 고유하고도 각별한 경험적 구체성은 물론, 사물들을 향한 한없는 매혹의 양상들이 다채롭게 들어앉게 마련이다. 이를 두고 서정시의 동일성 원리라고 부른 지는 꽤 오래되었을 것이다. 그만큼 서정시는 시인 자신의 경험과 사물들에 대한 매혹을 응축된 언어로 담아내는 특수한 언어 양식이다. 그래서 서정시는 시인 자신의 새로운 감각과 깨달음을 통해 사물의 표층과 심층을 투시하고, 나아가 삶의 근원적

이고 보편적인 의미와 가치를 발견해가는 과정에서 발원하고 씌어진다. 자연스럽게 훌륭한 시인은 우리가 무심히 지나칠 법한 사물의 표면을 뚫고 들어가서, 거기에 잠재해 있는 삶의 이법理法을 찾아내고 유추하고 표현한다. 낯익은 사물들을 새롭게 바라보면서 자신의 몸 속에 깃들여 있는 힘에도 한껏 주목한다. 바로 이러한 점이 서정시의 제일 원리라고 할 수 있을 것이다.

장현우 시인의 두 번째 시집 『바다는 소리 죽여 우는 법이 없다』(모아드림, 2015)는, 이러한 서정시의 원리를 통해 긍정적 삶의 태도를 견고하게 세워가는 과정을 보여주는 성과이다. 그 안에는 섬에서 태어나서, 바다를 보고 자랐고, 이제는 농사일을 하며 살아가는 한 시인의 정성스런 자기 탐구 과정과 생의 심원한 형식에 대한 애착의 시간이 녹아 있다. 그래서 이번 시집은, 오래도록 돌아오는 시인 자신의 기억들에 대한 선연한 재구再構과정을 보여주는 깊은 시간의 도록圖錄이라고 할 수 있다. 신선하고도 단정한 이미지와 그 안에 담긴 속 깊은 서사narrative는 이러한 도록을 채워가는 실제적인 질료들이 아닐 수 없다.

바람의 얼굴빛이 달라졌다

겨우내 얼음 속으로 몸을 감추던

계곡 물소리 다시 또랑또랑 맑고

나무며 풀들 제 색깔 찾아

짧은 다리 재게 놀린다

—「청명淸明」 전문

축자 그대로 '청명'은 24절기 가운데 하나로서 예로부터 한 해의 농사를 시작하는 중요한 때로 여겼던 날을 말한다. 직접 농사를 짓고 사는 시인이 가장 중요한 날로 꼽을 만하다. 하지만 다시 한 번 글자 뜻대로 접근해보면, 이는 가장 맑고[淸] 밝은[明] 빛이 자연 사물을 감싸고 비추는 강렬한 때이기도 할 것이다. 그래서 시인은 '청명'에 이르러 바람의 얼굴빛이 달라지고, 겨우내 얼음 속에 있던 계곡 물소리도 맑아지고, 나무나 풀도 밝은 제 색깔을 되찾는다고 노래한다. 이 맑고 밝은 얼굴빛과 소리와 색깔이야말로 '청명'을 구성하면서 재빠르게 몸을 놀리는 자연 사물들을 적극 부조浮彫하는 실질

적 주인공들일 것이다. 이러한 '시간'과 '사물'을 향한 섬세하고도 민활한 감각이 이번 시집의 전경前景을 구성하고 있다고 할 수 있을 것이다. 그렇게 시인은 "겨우내 가문 입맛 돋우려//아직 마르지 않은 땅에서//손들 여기저기 내밀고"(「냉이」) 있는 뭇 목숨들을 바라보면서, 자신이 딛고 사는 땅과 자신이 수행하는 정성스런 노동에 대해 깊이 사유한다. 그러한 청명한 봄날을 지나 가을로 접어들 때에도 시인은 더욱 깊은 사유를 지속해간다.

하지 지나 심은 감자알이 잘다

멧돼지가 매번 매실 밭을 후벼놓는다

누렇게 익은 들깨를 베어 한쪽에 쌓아둔다

깊게 심은 대파를 한 움큼씩 뽑는다

밭 가상 우슬도 뿌리 다치지 않게 캔다

밤나무 숲에서 떨어지는 알밤 소리에

매실 밭 고르는 괭이질이 헛논다

먼 산 남하하던 단풍이

벌써 앞산에 물들고 있다

—「늦가을」 전문

이 작품은 하지夏至를 지나 심은 감자알에서 시작하여 농가에서 흔히 볼 수 있는 여러 풍경과 동작들을 연쇄적으로 보여주는 과정으로 나아간다. 특별히 '쌓다/뽑다/캐다/놀다' 등의 동사군群이 농가의 구체적 속성을 낱낱이 보여준다. 거기에 등장하는 '멧돼지'나 '들깨', '대파', '우슬', '밤나무', '매실' 등의 세목이 가을을 앞당기고 스스로 깊어지게 한다. 단풍을 서둘러 부르는 늦가을에 시인은 "먼 산 남하하던 단풍이//벌써 앞산에 물들고 있다"라고 노래하는데, 이는 농사일을 돌보는 동안 시간이 흘러 '벌써' 이렇게 온산에 단풍이 들었다는 감각을 다르게 표현한 것일 터이다. 우리의 삶도 그러하여 쌓고 뽑고 캐고 놀다 보면 "쓸모없이 태어난 것은 이 세상 어디에도 없다"(「대추벌」)는 듯 풍요로워지지 않는가. 그렇게 다시 겨울이 오고 "걸어온 농사길 다시 되짚

어보라고/동짓날은 아침이 오지 않을 것처럼"(「동짓날」) 긴 밤을 드리워줄 것이다. 이 모든 것이 자연의 순리에 몸을 맡긴 시인의 자연스러운 호흡을 담고 있는 실례들일 것이다.

이처럼 장현우 시편은 간결하고 선명한 시간의 삽화를 통해, 한 시절의 구체적 경험들을 아스라하게 보여준다. 그 안에서 우리는 가장 원형적인 삶의 심층이 미학적으로 되살아나고 있음을 바라보고, 또 가장 멀고도 가까운 근원적 시간들이 힘있게 놓울치고 있음을 발견한다. 속도전으로 충일한 우리 시대에, 시인은 이렇게 근대적 효율성의 더께들을 관통하여 우리가 잃고 살아가는 고전적 시공간을 회복해주는 것이다. 이 같은 노력은 우리에게 시사하는 바가 작지 않은데, 그것은 그 이면을 이루고 있는 것이 바로 가난과 사랑의 마음이기 때문일 것이다. 그 가난과 사랑의 마음이 자연 사물과의 깊은 연대감으로 피어나고 있는 순간의 미학, 그것이 장현우 시학의 깊은 내질內質인 셈이다.

2.

우리가 잘 알듯이, 서정시는 시인 스스로 자신을 탐구하고 성찰하는 이른바 자기 확인의 속성을 확연하게 띠는 언어 예술이다. 줄글 양식과는 달리 서정시가 가지는 자기 확인의 성격은 매우 고유하고도 각별한 것이다. 이처럼 서정시의 근원적 창작 동기는 일종의 자기 확인에 있고, 따라서 누구나 시를 쓰면서 혹은 시집을 묶으면서 느끼게 되는 것은 이러한 자기 확인에 따르는 설렘과 부끄럼의 정서일 것이다. 또한 우리는 서정시의 가장 기본적인 창작 동기가 시인 스스로 자신의 삶을 돌아보는 성찰의 욕망에 있다고도 말할 수 있다. 이를 두고 서정시의 나르시시즘이라고 불러도 좋을 텐데, 물론 여기서 나르시시즘이란 자기애自己愛를 기반으로 하는 회귀성에 멈추지 않고, 자아를 객관화하여 반성적 사유를 동시에 진행하는 역동적 실천까지 아우르는 개념이다. 따라서 그러한 성찰에는 타자와의 관계를 통해 보편적 삶의 이치를 재발견하려는 의지도 포함되는 것이다. 다음 시편은 이러한 장현우 시인의 생각의 깊이를 담고 있는 사례일 것이다.

은행나무 밑둥치를 발가락으로 헤집다
화살나무 가지에 걸쳐 앉은
이름 모를 새들 빨간 열매로 식사 중이다
바람은 목련나무 가지를 흔들다

감나무까지 흔든다
덩달아 오죽들이 분주하게 일어선다
낮은 지붕마다 산을 넘어온 햇살도
골고루 손을 뻗고 있다
장독 위에 하얀 서리가 햇살에 반짝인다
손님들 참 많이도 다녀가신다

—「손님들」 전문

여기서 '손님들'이란 장현우 시인이 일상적으로 만나는 자연 사물들을 함의한다. 말하자면 시인을 직접 둘러싸고 있는 타자들은 자연 그 자체인 것이다. '은행나무'와 '화살나무'를 거쳐서 날아가는 새들, '목련나무'와 '감나무'와 '오죽'을 흔들고 가는 바람, 서리를 반짝이게 하는 햇살 같은 것들이 그 목록을 구성한다. 그네들은 너무도 반가운 손님들이어서 그렇게 "참 많이도" 이곳을 다녀가지만, 시인은 싫은 구석 하나도 보이지 않는다. 오히려 "산골짝이 일제히 반짝"(「거미집」)이게 하는 그네들의 자연스러운 위의威儀에 깊이 감사하고 공감하면서, 그 손님들로 하여 "이른 아침 열린 내 귀도/또랑또랑 맑아질 것 같다"(「이슬방울」)고 지속적으로 고백해 갈 뿐이다. 그리고 그러한 '손님들'은, 너무나 선하고 아름다운 사람들로 구성된 그림의 주인공이 되어주기도 한다.

골짜기 목장 형님네 축사
대낮인데 전등이 켜 있다
해 뜨기 전에 사료 주고 나가면서
밤 늦게 오더라도 소들 겁먹지 말라고
미리 밝혀 놓고 간 거다
맞벌이 시절 귀가하면
화장실이며 거실 주방까지
방마다 불 켜놓고
아무 데나 쓰러져 잠들어 있던
어린 자식들 생각이 난다
덩치 큰 소들도 캄캄해지면
세상이 무서운가 보다

—「전등」 전문

다랑이 무논에
써레가 지나가고 흙탕물이 가라앉자
앞뒤 산들을 불러오고
흘러가는 구름과

양팔로 잴 수 없는 하늘을 불러온다
논길 따라 해찰하며 깨금박질치는 나도
함지박 이고 가는 어머니 뒤로
쟁기 짊어지고 소 몰고 가는 아버지도
붉게 물든 얼굴을 하고
고물고물 연기 피어오르는 집으로
어둑어둑 돌아가는 그림자도 불러온다
한 뼘 다랑이 무논이
참 많은 걸 거둬들인다

—「무논」 전문

위의 시편에서는 대낮에도 켜 있는 "골짜기 목장 형님네 축사" 전등이 소재로 등장한다. 알고 보니 그 '전등' 은 그 형님이 해 뜨기 전 소에게 사료를 주고 나가면서 자신이 밤 늦게 돌아오더라도 겁먹지 말라고 켜 놓고 간 것이란다. 이미 살붙이가 되어버린 소에게 베푸는 마음이 도탑기 그지없다. 그 순간 시인에게도 하나의 기억이 떠오르는데, 그것이 바로 맞벌이 시절 귀가해보면 여기저기 불을 켠 채 잠들어 있는 어린 것들이다. 어린 것들도, 덩치 큰 소들도, 모두 캄캄해지면 세상이 무서운 법이니 시인과 형님의 마음이 환하게 겹쳐지는 순간이 우리에게 차랑차랑 다가온다. 그런가 하면 아래의 시편은 "다랑이 무논"이 수많은 사물들을 불러들이는 물활론적 세계관을 보여준다. 써레가 지나간 후 흙탕물이 가라앉자 '무논'은 '앞뒤 산'과 '구름'과 '하늘'을 하나하나 불러온다. 어린 '나'도 불러오고, 논길을 따라 함지박 이고 가는 어머니도 불러오고, 쟁기 짊어지고 소 몰고 가는 아버지도 불러온다. 아마도 '무논'은 그렇게 풍경과 기억을 모두 불러 거두어들이는가 보다. 그렇게 "붉게 물든 얼굴을 하고/고물고물 연기 피어오르는 집으로/어둑어둑 돌아가는 그림자"까지 불러오는, "잘못 와버린 곳에서 나를/기다리는 집으로/돌아갈 수 있다는 것이/되돌릴 수 있는 일이 있다는 것이/얼마나 큰 다행인가 여기면서"(「귀가歸家」) 돌아오는 귀갓길에, 이처럼 진하고도 소중한 기억의 매개 역할을 하는 것이 바로 "한 뼘 다랑이 무논"인 것이다. 이렇게 사물 속에서 생명을 바라보는 시인의 시선은 "제 무게를 짊어지고 살아가는 달팽이도/다 받아 적을 수 없는 상춧잎에/긴 문장을 남기고"(「달팽이」) 기어가는 순간을 포착하거나, "때되면 너울너울 잎들을 키우고/어른 주먹만 한 감들을 매달아/오가는 사람들 눈길을 주던 나무"(「단감나무 자리」)를 회상하는 장면과도 그대로 이어진다. 모두 자연

과 인간이 한 몸으로 결속했던 시간을 재현하는 마음이 아닐 수 없다.

3.

원래 모든 기억은 일차적으로는 고고학적 형식으로 존재하지만, 동시에 그때의 한순간을 현재 시점에서 재구성해내는 배타적이고 구심적인 원리를 뜻하기도 한다. 장현우 시집에서 이러한 기억의 원리를 가능케 해주는 핵심 소재는 바로 '고향'이다. 물론 '고향'은 '바다'나 '섬', '어머니' 같은 구체적 계열체들을 거느리고 있고, 장현우의 이번 시집에서 가장 견고한 서사적 얼개를 형성하고 있는 것 역시 바로 '고향'을 향한 시인의 정서적 흐름일 것이다. 그 점에서 장현우는 서정시가 시간적 흐름을 재현하고 다시 경험하는 '기억의 예술'임을 재차 입증한다. 다시 말해서 장현우 시편은 시간에 대한 시적 경험으로서의 기억과 성찰을 노래하는 세계이다. 결국 '섬/바다/어머니'라는 고향의 상관물들을 통해 시간의 생태학을 드러내는 것이 그가 노래하는 서정의 원리인 셈이다.

바다는

소리 죽여 우는 법이 없다
슬플 때는 슬픔으로
기쁠 때는 기쁨으로
자나 깨나 철썩이며 운다
가진 것 없는 낮은 지붕 아래서
쉽게 버리지 못하는 바다에
닻을 내리며 사는 사람들

한 번 밀어내고
두 번 끌어안기 위하여
자나 깨나 바다가 철썩인다는 것을
그들은 알고 있다

—「거금도」 전문

시집의 제목을 그 안에 품고 있는 이 시편은, '거금도'라는 실명의 섬이 바로 시인 자신의 존재론적 기원origin임을 선명하게 보여준다. 잔잔한 듯 보이는 바다일지라도 소리 죽여 우는 것은 아니라는 이 잠언箴言은, 그대로 우리가 살아가는 인생을 환기하는 더없는 유추적 진실이 된다. "슬플 때는 슬픔으로/기쁠 때는 기쁨으로/자나 깨나 철썩이며" 우는 바다는 희로애락의 격정 속에서 살아가는 인간의 삶을 고스란히 비유한다. 더구나 "가진 것 없는 낮은 지붕 아래서/쉽게 버리지 못하는 바다에/닻을 내리며 사는 사람들"로서는 더더욱 바다의 철썩임이 "한 번 밀어내고/두 번 끌어안기 위하여" 존재한다는 의미로 다가오지 않겠는가. 그 철썩이는 자리에서는 "상처 잊지 말자고//아문 자리에 흉터가 또렷"(「흉터」)하게 돋아나지 않겠는가. 그 점에서 시인의 '고향'은 "곁에서 지켜보며 환하게 웃고 있는/어머니 사진으로/내 배경은 유년처럼 든든하다"(「사진」)라고 말할 때의 그 원천적 '배경'으로 자리하는 것이다.

주름 자글자글한 어머니 손잡고
바닷가 백사장을 걷는다
함께 바닷가 걸은 적 없어
시시한 세상일로 좋은 시절 다 보내고
더듬더듬 바닷가를 이제야 걷는다
살아생전 아부지하고도 팔짱 끼고
이 백사장 거닐었냐고 물었더니
눈 뜨면 바단디
바닷소리만 들어도 징글징글 허다신다
그러면서 잡은 손에 꼬옥 힘을 준다

햇살이 자글자글한 바다도
은멸치 떼처럼 반짝인다

—「백사장」 전문

'백사장' 은 시인의 유년 시절을 세세하게 담고 있는 광활한 공간이다. 이제는 늙으신 어머니와 함께 바닷가 백사장을 걸으면서 시인은, 누구나 그러하듯이, 어머니와 그동안 이 한적한 공간을 걷지 못하고 분주하게 살아온 후에야 "더듬더듬" 바닷가를 함께 걷는다는 사실에 상도想到한다. 아버지와 함께 걸어보았느냐는 아들의 물음에 어머니는 "눈 뜨면 바단디/바닷소리만 들어도 징글징글"하다고 하신다. 이 우문현답愚問賢答에 시인은 손에 꼬옥 힘을 준다. 아니 그것은 어머니가 아들의 손에 전해오는 힘일지도 모른다. 바로 그 순간 "햇살이 자글자글한 바다도/은멸치 떼처럼 반짝"거리지 않는가. 바로 그곳이 "시집온 새색시같이/얼굴 붉히시는 어머니의/긴 사설이 시보다"(「시집을 읽다」) 더 고운 '바다' 인 것이다. "객지로 바다로 떠도는 자식과 남편/보이지 않을 때까지 손 흔들며/손 흔들 때마다 새겨진 금들/한 폭의 지도가 뒤척이며 돌아눕는"(「엄마의 얼굴」) 곳에서, "보청기 없이도 쇳소리만 들리는"(「집」) 곳에서, 어머니는 그렇게 혼자 살아가신다. 애잔하고 쓸쓸하고 아름다운 기억의 화폭이 아닐 수 없다.

두루 알려져 있듯이, 서정시의 발화는 근본적으로 독백적 성격을 띤다. 그래서 그것은 일종의 개별적인, 자체 내에서 완결된 표현을 나타내주는 어떤 것이 된다. 따라서 시인들은 가장 일차적으로는 자신이 살아온 구체적 시간을 되새기고, 나아가 그 시간에 삶의 가장 보편적인 의미를 부여하고는 한다. 그 시간이 남긴 문양들이야말로 시인이 겪은 직접적 생의 형식이고 서정시의 가장 중요한 요소가 된다. 비록 그것이 사회적 발언을 중심에 놓고 있다 하더라도, 서정시는 철저하게 시인 스스로의 자기 다짐을 매개로 하여 언표되는 것이다. 따라서 서정시의 저류底流에는 시인이 오랜 시간 겪은 절실한 경험 가운데 가장 뿌리 깊은 기억의 층이 녹아 있고, 타자와의 관계를 통한 자기 탐구 과정이 담기게 되는 것이다. 그 점에서 장현우는 자신이 살아온 오랜 시간에 대한 성찰을 통해 보편적 삶의 이치를 노래하는 전형적인 서정시인인 셈이다. 특별히 장현우 시인의 근작近作들은 이러한 자기 탐구의 과정을 가장 깊이 있게 보여주는 사례라 할 것이다.

4.

장현우의 이번 시집에 들어앉아 있는 자연 사물과 사람의 자취들은 이렇게 알맞은 화음으로 서로 어울리면서 가볍게 출렁이고 있다. 그러나 그 어울림과 출렁임은 격렬하지 않고, 사물과 사물 사이를 환하게 채우는 밝은 파동으로 존재한다. 그 섬세하고도 강렬한 시간과 풍경 속에서 장현우 시인은 이미 제 영토를 확보하고 있는 자연 사물들에게 새로운 이름과 기억을 주고, 그들끼리 서로 소통하게 하며, 그들이 시인의 경험 속에 어떻게 깃들이게 되었는가를 사유하고 표현한다. 이때 시인이 바라보는 사물들은 외따로운 존재자들이 아니라, 서로 촘촘한 연관성을 가지는 유기체의 일부가 된다. 따라서 장현우 시인이 상상적으로 구성하는 사물들은 그 자체의 합리적 인과율이 아니라 시인의 경험적 시선에 의해 흔연히 결속되는 것이다. 그런가 하면 이 시집에는 까다로운 유추를 필요로 하는 난해성의 흔적이 전혀 없다. 시인의 언어는 어찌 보면 명료하고 단순하기까지 한 기층언어가 대부분이다. 아마도 시인은 그렇게 쉽고 투명하고 단순한 시어를 고르기 위해 부단히 애썼을 것이다. 그래서 우리는 "끝물 국화 한 아름 안고/집으로 간다 첫물 같은 아내의/환한 얼굴이 미리 보인다"(「끝물 국화」)

라고 노래하는, 오래도록 돌아오는 자신의 소중한 기억들을 애틋하게 보여주는 장현우 시학이, 이러한 서정의 원리를 더욱 구체화해가면서 역동적으로 지속되어갈 것을 소망하게 되는 것이다.